Adéntrate en las páginas de este álbum para descubrir desde tiburones peregrinos y osos grizzly a álamos temblones y tortugas de orejas amarillas. Te asombrarás con la extraordinaria **riqueza y diversidad que existe en el mundo natural.**

En el recorrido por selvas, desiertos, praderas, jardines y océanos que realizarás con el libro, llegarás a conocer **exactamente 1.000** cosas fascinantes que hay en la naturaleza.

Recuerda que los dibujos **no están a escala**. En la vida real, la diminuta termita de la página 8 es más pequeña que una uña y el gigantesco tiburón ballena de la página 19 es tan largo como un autocar.

Cada dibujo viene acompañado por su nombre y, al final del libro, hay un completo índice para que sea fácil encontrar lo que quieras.

USBORNE

1000 MARAVILLAS DE LA NATURALEZA

Ilustraciones: Mar Ferrero

Redacción: Hannah Watson
Diseño: Yasmin Faulkner

Con el asesoramiento del Dr. John Rostron
y la Dra. Margaret Rostron

Sumario

Praderas y setos
Página 5

En un jardín
Página 6

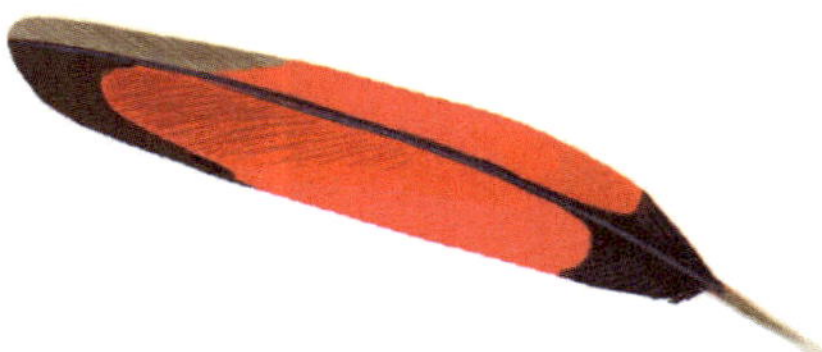
Plumas, huevos y nidos
Página 7

Bichitos variados
Página 8

Frutos, hojas y semillas
Página 9

Plantas y flores
Página 10

En la selva
Páginas 11-12

En el bosque
Páginas 13-14

En las montañas
Página 15

En la sabana
Página 16

En el desierto
Página 17

En parajes nevados
Página 18

En el mar
Páginas 19-20

En lagos y estanques
Página 21

En un río
Página 22

En la costa
Página 23

En una granja
Página 24

Alimentos naturales
Páginas 25-26

Árboles de todo tipo
Páginas 27-28

Fósiles, rocas y gemas
Página 29

Praderas y setos

Trébol de cuernos, Saúco, Escaramujo, Berro de prado, Endrino, Madreselva

Herrerillo, Saltamontes común, Curruca zarcera, Mariposa lobito agreste, Mosca escorpión, Erizo

Bombus sylvarum, Nido de pinzón, Pinzón, Nido de zorzal, Zorzal, Cárabo dorado, Araña de la cruz

Mariposa aurora, Topillo rojo, Murciélago orejudo dorado, Esfinge colibrí, C-blanca, Camachuelo

Manzana silvestre, Hierba de los pordioseros, Lirón castaño, Nido de lirón, Aligustre, Fresa silvestre

Ciervo volante, Escribano cerillo, Ratón espiguero, Zarzamora, Chochín, Caracol rayado, Conejo, Madriguera de conejo

Ortiga, Bola de nieve, Dedalera, Rubia silvestre, Arcángel amarillo, Botón de oro, Orquídea silvestre

En un jardín

Gorrión
Junco pizarroso
Estornino
Verderón
Mirlo primavera
Petirrojo
Cárabo común
Avispa común
Mariposa pavo real
Ciempiés cobrizo
Saltamontes punteado
Hormiga negra
Cochinilla
Topo
Ratón doméstico
Abeja melífera
Caracol vacío
Caracol común
Mosca común
Gato doméstico
Zorro rojo
Mapache
Ardilla gris
Rana común
Ratón de campo
Cucaburra
Abejorro
Mariquita
Paloma torcaz
Mariposa almirante rojo
Tejón
Musaraña
Mito
Náyade
Mielero chillón
Murciélago enano
Rata
Lombriz
Babosa
Cerezo común
Ciprés de Leyland
Hiedra
Trébol
Cañuela alta
Lluvia de oro
Diente de león
Margarita

Plumas, huevos y nidos

Pluma de pato mandarín | Pluma de pájaro carpintero | Pluma de pavo real | Pluma de ave del paraíso | Pluma de avestruz | Pluma de arrendajo | Pluma de cisne | Pluma de periquito

Pluma de faisán | Pluma de amazona frentiazul | Pluma de turaco crestirrojo | Pluma de flamenco | Pluma de oropéndola | Pluma de quetzal | Pluma de perdiz | Pluma de ánade real | Pluma de búho

Huevo de avestruz | Huevo de emú | Huevo de casuario | Huevo de arao común | Huevo de águila real | Huevo de gallina marans | Huevo de busardo ratonero

Huevo de perdiz copetona | Huevo de pirincho | Huevo de gavilán común | Huevo de zorzal charlo | Huevo de mirlo primavera | Huevo de tordo sargento | Huevo de escribano palustre | Huevo de acentor común | Huevo de chochín

Nido de colibrí de Ana | Nido de buitre orejudo | Nido de ruiseñor bastardo | Nido de pigargo americano | Nido de focha común | Nido de zampullín común

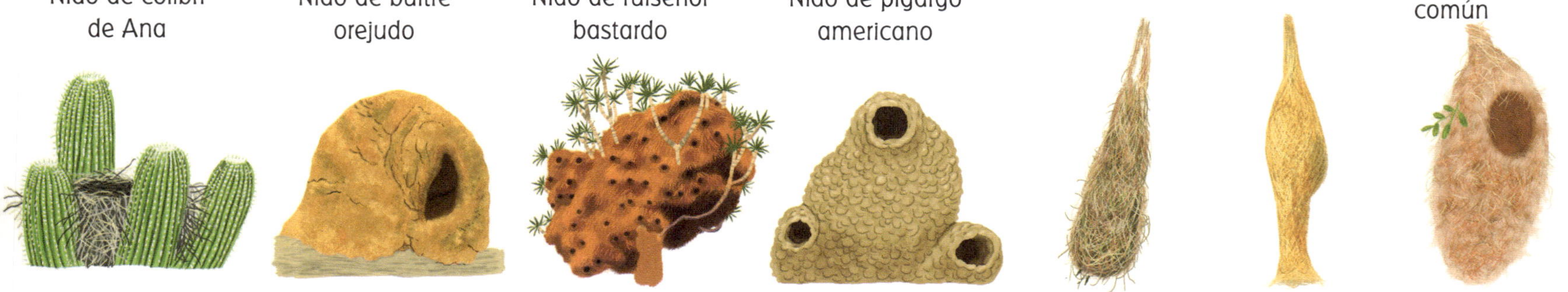

Nido de gavilán mixto | Nido de reinita hornera | Nidos de tejedor republicano | Nido de golondrina risquera | Nido de zacua mayor | Nido de tejedor baya | Nido de pájaro moscón

Bichitos variados

Cicindela campestre
Saltamontes del patán
Escarabajo de la patata
Chinche Picasso
Araña saltadora
Tarántula de rodillas rojas
Araña tigre
Milpiés
Ciempiés
Miogryllus verticalis
Mosquito
Zancudo
Cucaracha
Huevos de mariposa morfo azul
Mariposa morfo azul
Oruga de mariposa monarca
Mariposa monarca
Crisálida de mariposa monarca
Capullo de gitana
Nido de avispón
Avispón
Agallas de roble
Avispa de las agallas
Nidos de avispa alfarera
Avispa alfarera
Nido de avispa papelera
Avispa papelera
Oruga de polilla cinabrio
Polilla cinabrio
Oruga de *Malacosoma disstria*
Polilla de *Malacosoma disstria*
Oruga de *Empyreuma pugione*
Polilla de *Empyreuma pugione*
Huevos de chinche de escudo verde
Chinche de escudo verde
Nido epígeo
Termitero arbóreo
Termita
Termitero magnético
Tela de linífido
Mantis religiosa
Tela de araña de tela de embudo
Espuma de salivazo
Tela de araña de seda dorada
Salivazo
Huevos de crisopa verde
Crisopa verde

Frutos, hojas y semillas

Hoja de arce
Hoja de palmito
Hoja de peral
Hoja de ginkgo biloba
Hoja de roble
Hoja de serbal
Hoja de castaño
Piña de cica
Bellota
Piña de cedro del Atlas
Castaña de Indias
Piña de abeto rojo
Semilla de falso castaño de Ohio
Piña de pino carrasco
Pepitas de manzana
Manzana
Aguacate
Hueso de aguacate
Cereza
Hueso de cereza
Melocotón
Hueso de melocotón
Semillas de calabaza
Semillas de girasol
Brotes
Hoja de liquidámbar
Hoja de acebo
Hoja de árbol de tulipán
Hoja de rocío del sol
Semillas de mostaza
Semillas de sésamo
Hojas de cedro del Atlas
Hoja de fresno
Hojas de secuoya de hoja caediza
Hoja de afelandra
Hojas de pino de pisos
Hoja de mimbrera
Esqueleto de hoja
Hojas de abeto rojo
Semillas de arce menor
Semilla de fresno
Vaina con semillas del árbol del amor
Semillas de bardana
Cápsula de semillas de algodoncillo
Cápsula de semillas de hierba de San Antonio
Molinillo

Plantas y flores

Venus atrapamoscas
Cinta
Planta de jade
Yuca
Cala de agua
Bambú dorado
Ficus benjamina

Girasol
Lirio oriental
Nomeolvides
Caléndula
Guisante de olor
Tulipán
Fresia
Ciclamen

Tradescantia somaliensis
Cardo mariano
Jacinto
Orquídea mariposa
Lila
Narciso
Iris

Espliego
Crisantemo
Jazmín
Zinnia
Aciano
Crocus

Lirio del valle
Helecho de pluma de avestruz
Jengibre rojo
Lantana
Rosa

Cardillo
Coryphantha ramillosa
Cactus del ordenador
Cactus alas de ángel
Aloe vera
Biznaga de flores rosadas

En la selva

Eurilaimo negrigualdo

Tordina bigotuda

Ave del paraíso de Wilson

Loro harinoso amazónico

Picaflores carminoso

Lori tricolor

Guacamayo azuliamarillo

Escarabajo ciervo arcoíris

Hormiga legionaria

Tarántula pajarera

Escarabajo hércules

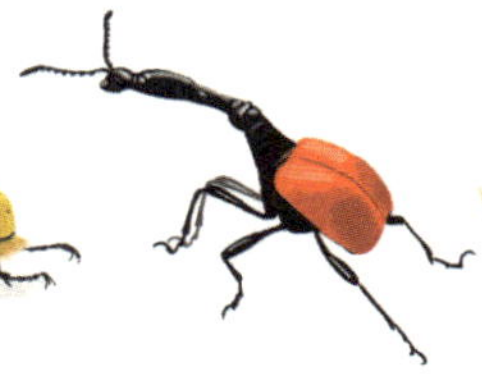
Gorgojo jirafa

Oso melero

Agutí centroamericano

Flor ave del paraíso

Flor de la pasión

Abeja melipona maya

Flor de falso flamboyán

Nenúfar gigante

Rafflesia

Mariposa alas de pájaro

Tigre de Bengala

Lémur de collar blanco y negro

Jaguar

Mandril

Ocelote

Orangután

Murciélago de la fruta

Perezoso

Okapi

Bongo

Nido de orangután

Mangle rojo

Palmera caminante

Nogal de Brasil

Yagrumo

Ceiba

Martín pescador oriental

Tucán

Lechuzón de anteojos

Águila harpía

Casuario

Cálao bicorne

Quetzal centroamericano

Sapito minero

Rana calzonuda

Boa esmeralda

Camaleón de Parson

Iguana

Mono lanudo

Tití emperador

Tamarino león dorado

Nido de gorila

Gorila

Aye-aye

Guayabo

Guayaba

Papayo

Papaya

Banano

Plátanos

Vaina de cacao

Bromelia

Planta jarra

Durián

Fruta de pan

Tualang

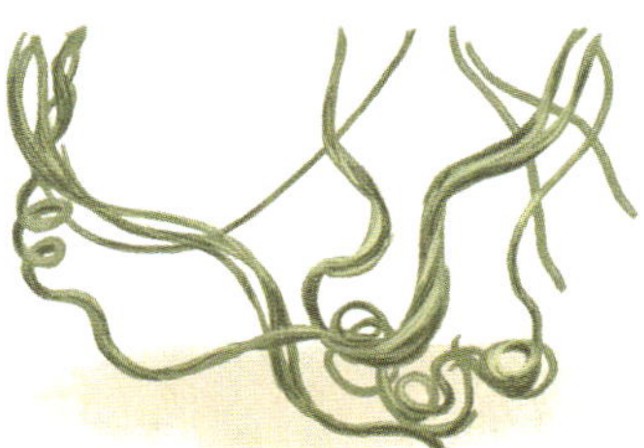
Lianas

Raíces tabulares

Planta de aire

Tormenta

En el bosque

Mora de los pantanos

Cornejo rastrero

Hierba de San Lorenzo

Brezo ceniciento

Arándano

Helecho común

Colmenilla negra

Búho chico

Egagrópila

Amanita

Carpintero de Lewis

Liquen de barba

Lince canadiense

Boleto calabaza

Cárabo californiano

Gavilán americano

Oso negro americano

Puercoespín norteamericano

Tortuga terrestre de Florida

Marta

Lobo europeo

Helecho espada occidental

Gusano de seda

Nido de ardilla

Ardilla roja americana

Hongo blanco

Piquituerto común

Gusano peludo del enebro

Oso grizzly

Tuya del Canadá

Cedro del Atlas

Kauri

Abeto de Douglas

Tejo chino

Tremela mesentérica

Yesquero multicolor

Hongo azul

Exsudoporus frostii

Pilophorus acicularis

Liquen de los árboles

Cantharellus cinnabarinus

Gamo europeo

Venado de cola blanca

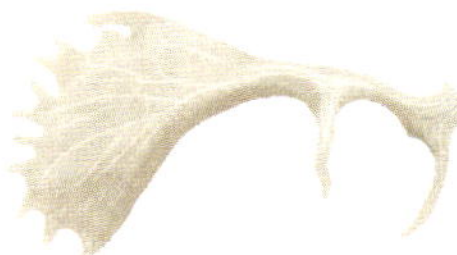
Cuerna desprendida

Serpiente de cascabel

Sapo común

Salamandra moteada

Acebo

Celidonia menor

Hierba de la bruja

Carpe negro europeo

Satirión verde

Jacinto silvestre

Viburnum

Ardilla listada

Mofeta

Zarigüeya de Virginia

Miotis norteamericano

Jabalí

Papilio troilus

Rutpela maculata

Esfinge del chopo

Grévol engolado

Cardenal

Arrendajo azul

Nido de arrendajo azul

Haya común

Secuoya de hoja caediza

Abedul

Roble común

Pito crestado

En las montañas

Manto de cobre
Mariposa apolo
Perlada de montaña
Vencejo real
Águila real
Cóndor andino
Codorniz de montaña

Gamón blanco
Campanula barbata
Phacelia sericea
Saxifraga estrellada
Pie de gato
Chuquiragua
Rosa alpina
Soldanella alpina

Leopardo de las nieves
Puma
Íbice de los Alpes
Caballo fiordo noruego
Cabra de las Rocosas
Wapití
Oso pardo del Himalaya

Cladonia asahinae
Planta cojín
Gloria de las nieves
Aciano de montaña
Liquen de Islandia
Androsace alpina
Sauce enano

Marmota alpina
Madriguera de marmota
Salamandra alpina
Tritón alpino
Cabeza de toro alpino
Trucha alpina
Trucha de arroyo

Álamo temblón
Enebro común
Picea de las montañas
Cicuta de montaña
Puya
Pedestal rocoso
Esquisto verde
Argilita
Afloramiento rocoso

En la sabana

Kopje
Acacia de copa plana
Ébano
Baobab
Árbol candelabro
Carraca lila
Periquito
Toco piquirrojo
Búho campestre
Cotorrita aliturquesa
Momoto cejiazul
Cernícalo
Cebra
Búfalo cafre
Ñu azul
Bisonte americano
Jabalí verrugoso
Impala
Gerenuk
Rinoceronte
Bandicut
Armadillo de nueve bandas
Pangolín terrestre
Papión sagrado
Bola de excrementos
Escarabajo pelotero
Zorro orejudo
Hiena
León
Perrito de la pradera
Serval
Guepardo
Serpiente boomslang
Pitón de Seba
Jabirú africano
Pintada vulturina
Avestruz
Jirafa
Hierba búfalo
Andropogón
Themeda triandra
Cortadera
Hierba buffel
Poza

En el desierto

Hormiga del desierto del Sáhara
Araña camello
Escorpión peludo gigante
Serpiente coral
Tarántula rubia mexicana
Monstruo de Gila
Diablo espinoso
Suricata
Elefante
Canguro
Pico mexicano
Tecolote enano
Colín de Gambel
Carpintero escapulario californiano
Cactus cholla
Zacate galleta gigante
Cactus de barril
Girasol del desierto
Cactus cola de castor
Jojoba
Colibrí piquiancho común
Flor del ocotillo
Oasis
Esqueleto de un animal
Piel mudada de serpiente
Planta rodadora
Duna
Tormenta de arena
Lobo de tierra
Jerbo
Gato de las arenas
Víbora cornuda
Liebre antílope
Dromedario
Fénec
Palmera de California
Sauce del desierto
Árbol de Josué
Saguaro
Acacia erioloba
Pavimento desértico
Monte Uluru
Cañón
Chimenea de hadas
Remolino de polvo

En parajes nevados

Zorro ártico
Tigre siberiano
Oso polar
Liebre ártica
Alce
Caribú
Clavel antártico
Erióforo del ártico
Uva de oso
Oruga de *Gynaephora groenlandica*
Polilla de *Gynaephora groenlandica*
Lemming
Armiño
Pingüino emperador
Pingüino de Adelia
Búho nival
Busardo calzado
Fulmar boreal
Petrel níveo
Albatros viajero
Lagópodo alpino
Narval
Morsa
Foca barbuda
Draco rayado
Ballena jorobada
Beluga
Ballena boreal
Salvelino
Merluza negra
Kril
Copos de nieve
Liquen de los renos
Nieve de sandía
Cencellada blanca
Aguja de hielo
Nieves penitentes
Fumarola de nieve y vapor
Carámbanos
Glaciar
Avalancha
Iceberg
Cueva glaciar
Témpano de hielo
Cascada congelada

En el mar

Abanico
de mar rojo

Anémona magnífica

Coral chicle

Manzana de mar

Anémona fresa

Esponja tubo

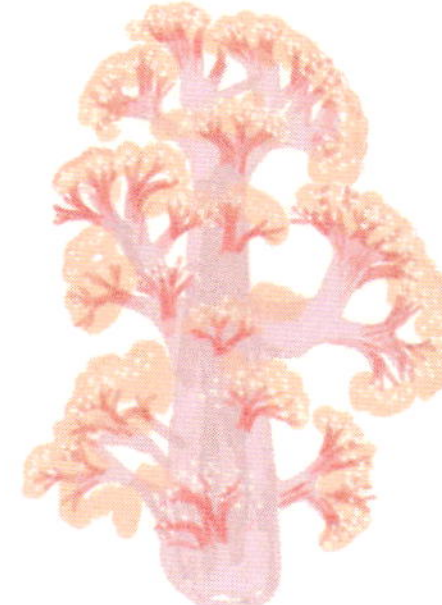
Coral clavel

Tiburón blanco

Tiburón
ballena

Pez martillo

Tiburón peregrino

Lava almohadillada

Nódulo de
manganeso

Ballena azul

Cachalote

Caballito de
mar cebra

Caballito de
mar listado

Caballito
de mar
enano

Ostra perlífera
de labios negros

Monte submarino

Volcán submarino

Fumarola hidrotermal

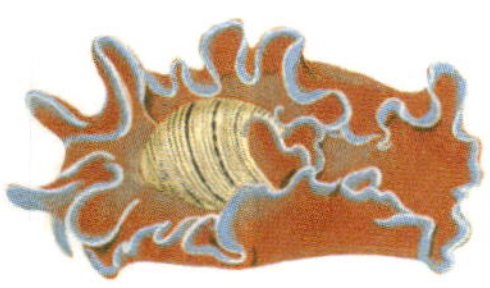
Caracol burbuja

Pez payaso

Pez mariposa
amarillo de pico largo

Pez ángel real

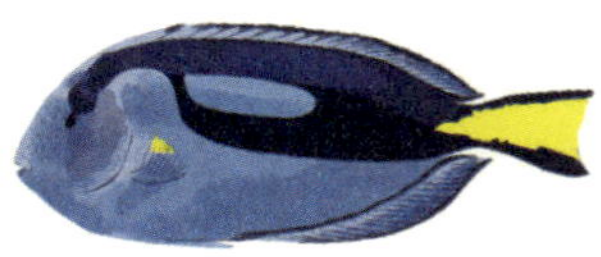
Pez cirujano azul

Pez ángel reina

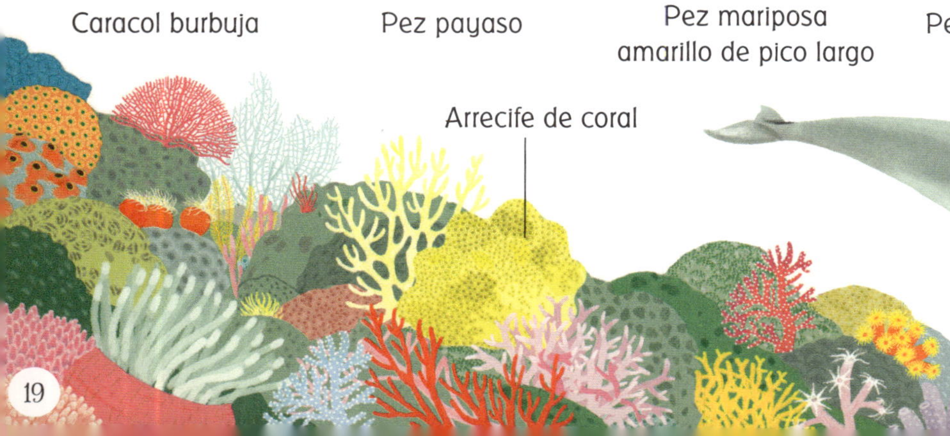
Arrecife de coral

Marsopa sin aleta

Delfín mular

Anémona común

Babosa marina
Okenia rosacea

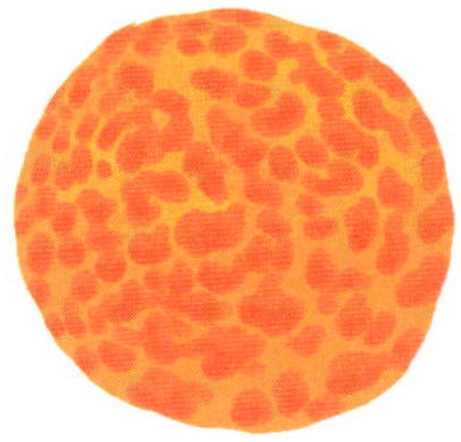
Naranja de mar

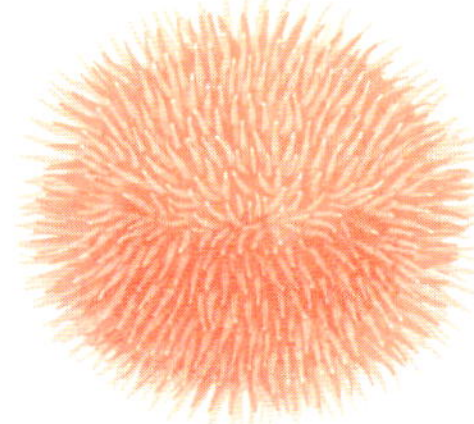
Anémona pompón

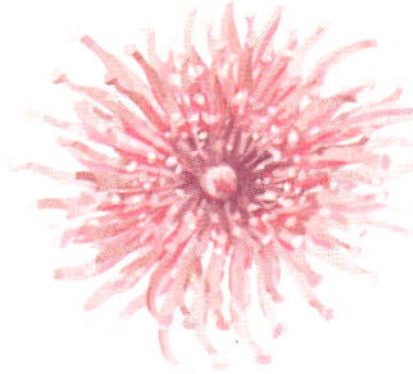
Anémona joya

Estrella de mar ocre

Cangrejo de once manchas

Cangrejo ermitaño gigante

Langosta

Sepia

Camarón escarlata

Estrella de mármol

Pargo japonés

Sábalo americano

Pez vela

Pez aguja azul

Tortuga verde

Pepino de mar

Mejillón azul

Platija

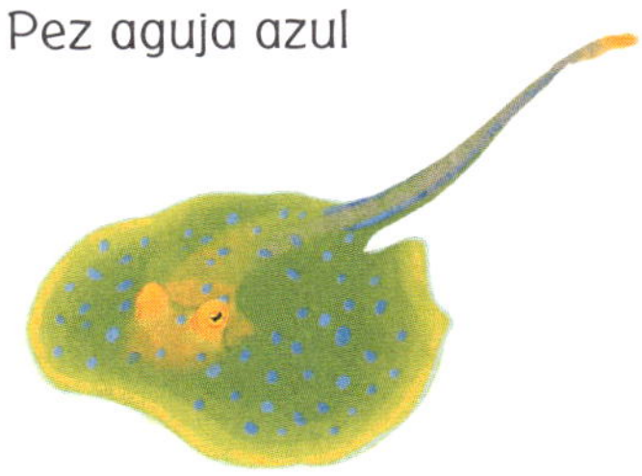
Raya de arrecife

Peine de Venus

Calamar de Monterrey

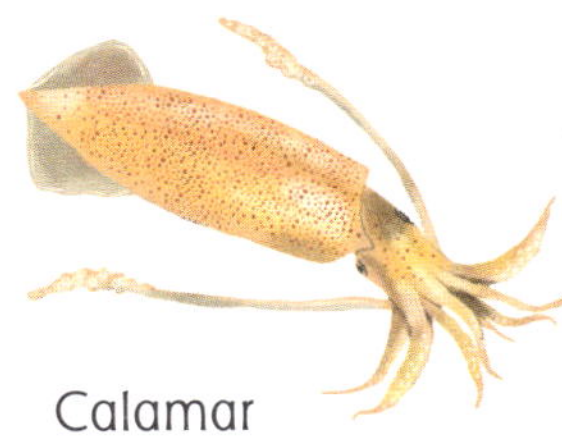
Calamar glacial

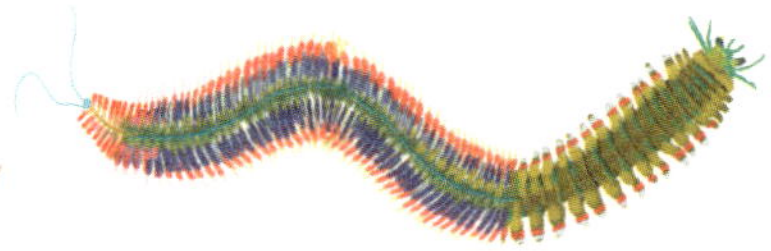
Gusano de la arena

Rape abisal

León marino

Manatí

Medusa melena de león

Pulpo rojo del Pacífico

Cocodrilo marino

Serpiente marina

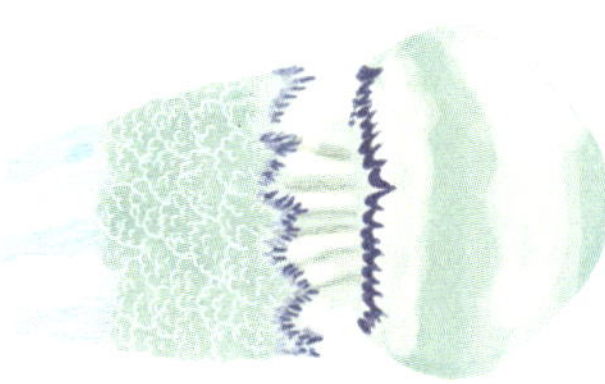
Aguamala

Alga cola de pavo

Pasto estrella

Pasto marino

Alga látigo

Sargazo gigante

En lagos y estanques

Loto sagrado
Loto azul
Lirio acuático
Caballito del diablo
Libélula roja
Libélula halconero meridional
Escarabajo acuático
Barquero
Kaligono
Clinostomus elongatus
Perca amarilla
Tritón común
Salamandra mandarina
Rana toro
Serpiénte acuática del norte
Axolote
Caimán del Mississippi
Galápago europeo
Caracol diablo
Rata almizclera
Almeja de río
Ánade real
Cisne
Nerpa
Silbón europeo
Porrón moñudo
Gallineta común
Ánade rabudo
Somormujo lavanco
Flamenco rojo
Ranúnculo acuático
Junco florido
Elodea crispa
Lenteja de agua
Mordisco de rana
Pita acuática

En un río

Ornitorrinco

Capibara

Castor americano

Presa de castor

Helecho peludo

Carpa prusiana

Amarguillo

Piraña

Efímera

Notropis nubilus

Gardí

Martin pescador común

Pato mandarín

Rata topera

Martín pescador malaquita

Pez disco

Lucio europeo

Nutria

Pavón cinchado

Ostra perlífera de agua dulce

Siluro azul

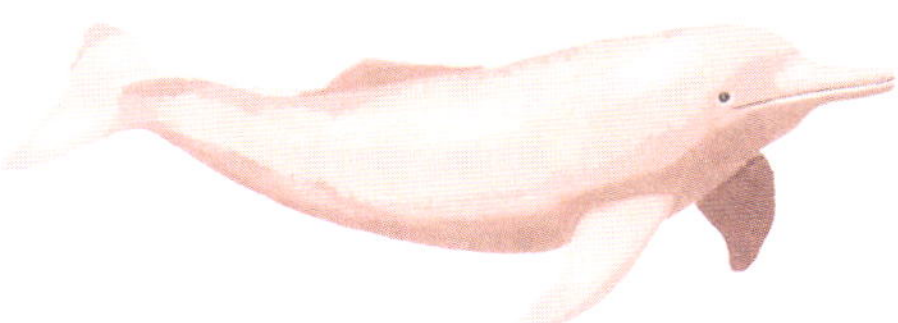
Delfín del Amazonas

Tortuga de orejas amarillas

Langosta de agua dulce

Tántalo indio

Garza real

Anaconda

Cocodrilo del Nilo

Hipopótamo

Lirio amarillo

Hierba de San Antonio

Espadaña

Cardencha

Lysimachia punctata

Salicaria

En la costa

Caracola reina · Vieira · Buccino · Frailecillo · Tarro blanco · Gaviota argéntea · Pelícano

Caloplaca marina · Tomate de mar · Locha de playa · Lapa · Erizo de mar · Peonza de mar · Arena

Madera de deriva · Diente de tiburón fosilizado · Huevo de tiburón · Huevo de buccino · Collar de arena para los huevos del caracol luna · Nido de tortuga marina · Jibión

Marsopa común · Rorcual aliblanco · Delfín común · Foca monje

Clavelina de mar · Col rizada de mar · Lechuga de mar · Alga nodosa · Pámpano amarillo · Salmonete vanicolense

Coco · Tortuga laúd · Caballito de mar de estuario · Amapola marina · Hierba del cólico

Cocotero · Farallón · Acantilado · Cueva marina · Arco natural · Guijarros

En una granja

Soja · Nabina · Cebada · Centeno · Lino · Sorgo · Planta de arroz · Trigo

Mandioca · Calabaza · Algodón · Remolacha azucarera · Maíz · Patatas

Oca · Faisán · Pintada común · Perdiz · Pavo · Pato · Lechuza

Asno · Pollino · Cordero · Oveja · Carnero · Border collie · Pastor alemán

Cabra boer · Cabra de angora · Cabrito de angora · Ternero · Vaca · Vaca frisona · Ratón listado

Gallina · Pollito · Gallo · Verraco · Cochinillo · Cerda

Liebre · Burro de Poitou · Caballo · Potro · Yegua · Mula

Alimentos naturales

Limón

Naranja

Mango

Uvas

Kiwis

Pimiento

Brócoli

Champiñones

Zanahoria

Espárragos

Cebolla

Calabaza cacahuete

Espinacas

Apio nabo

Cebolletas

Achicoria roja

Lechuga

Tomates cherry

Leche

Agua

Huevo de gallina

Huevo de oca

Huevo de codorniz

Caviar

Anís estrellado

Canela

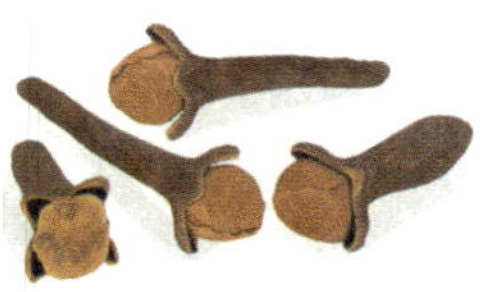
Clavos

Trufas

Rizoma de jengibre

Ajo

Pimienta negra

Sal marina

Caña de azúcar

Granos de café

Hojas de té

Sandía

Maracuyá

Lima

Pera

Ciruelas

Almendra

Avellanas

Nuez

Nueces pacanas

Piñones

Nueces de macadamia

Rúcula

Albahaca

Romero

Cilantro

Menta

Pistachos

Cacahuetes

Miel

Lentejas

Garbanzos

Arroz

Alubias rojas

Algas

Gambas

Bogavante

Cangrejo

Atún

Abadejo

Bacalao

Arenque

Lubina

Caballa

Trucha

Salmón

Árboles de todo tipo

Morera
Naranjo
Majuelo
Alerce siberiano
Cerezo japonés
Pino silvestre
Cerezo de Virginia
Fresno común
Baobab de Grandidier
Tejo común
Árbol plateado
Falso plátano
Laurel
Chopo negro
Carya glabra
Cedro del Himalaya
Palma de Palmira
Ciprés común
Plátano de sombra
Aloidendron pillansii
Árbol paraguas
Olmo americano
Haya europea
Castaño de Indias
Acacia de tres espinas
Abeto común
Árbol dragón
Roble escarlata
Serbal de los cazadores
Jacaranda
Secuoya gigante

Ginkgo biloba

Árbol aloe

Sauce llorón

Higuera

Ciruelo mirobolano

Genista del Etna

Pino longevo

Araucaria

Manzano

Boab

Roble rojo americano

Cedro del desierto

Pino de Wollemi

Peral

Drácena

Palma real australiana

Tsuga del Pacífico

Palmera makalani

Árbol cirio

Guillomo

Árbol aljaba

Flamboyán

Olivo

Teca

Nogal común

Arce

Corteza de pino piñonero

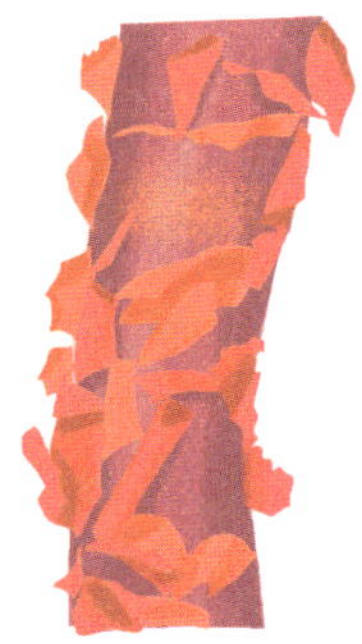
Corteza de arce de corteza papirácea

Corteza de eucalipto arcoíris

Corteza de abedul paperífero

Fósiles, rocas y gemas

Jaspe rojo
Granate
Berilo
Rodonita
Ágata
Topacio
Caliza

Granito
Pirita
Oro
Garnierita
Serpentina
Peridoto

Esmeralda
Jade
Turquesa
Aguamarina
Alejandrita
Ópalo

Zafiro
Lapislázuli
Ágata thunderegg
Amatista
Geoda
Turmalina

Cuarzo rosa
Fósil de helecho
Madera fosilizada
Diamante
Mármol
Plata

Fósil de estrella de mar
Fósil de amonites
Fósil de trilobites
Fósil de erizo de mar
Sílex
Fósil de belemnites

Estalagmita
Estalactita
Pizarra
Creta
Carbón
Piedra pómez
Arenisca

Índice

A

Abadejo 26
Abanico de mar rojo 19
Abedul 14
Abeja melífera 6
Abeja melipona maya 11
Abejorro 6
Abeto común 27
Abeto de Douglas 13
Acacia de copa plana 16
Acacia de tres espinas 27
Acacia erioloba 17
Acantilado 23
Acebo 14
Achicoria roja 25
Aciano 10
Aciano de montaña 15
Afloramiento rocoso 15
Agallas de roble 8
Ágata 29
Ágata thunderegg 29
Agua 25
Aguacate 9
Aguamala 20
Aguamarina 29
Águila harpía 12
Águila real 15
Aguja de hielo 18
Agutí centroamericano 11
Ajo 25
Álamo temblón 15
Albahaca 26
Albatros viajero 18
Alce 18
Alejandrita 29
Alerce siberiano 27
Alga cola de pavo 20
Alga látigo 20
Alga 26
Alga nodosa 23
Algodón 24
Aligustre 5
Almeja de río 21
Almendra 26
Aloe vera 10
Aloidendron pillansii 27
Alubias rojas 26
Amanita 13
Amapola marina 23
Amarguillo 22
Amatista 29
Anaconda 22
Ánade rabudo 21
Ánade real 21
Andropogón 16
Androsace alpina 15
Anémona
  común 20
  fresa 19
  joya 20
  magnífica 19
  pompón 20
Anís estrellado 25
Apio nabo 25
Arándano 13
Araña camello 17
Araña de la cruz 5
Araña saltadora 8
Araña tigre 8
Araucaria 28
Árbol
  aljaba 28
  aloe 28
  candelabro 16
  cirio 28
  de Josué 17
  dragón 27
  paraguas 27
  plateado 27
Arcángel amarillo 5
Arce 28
Arco natural 23
Ardilla gris 6
Ardilla listada 14
Ardilla roja americana 13
Arena 23
Arenisca 29
Arenque 26
Argilita 15
Armadillo de nueve bandas 16
Armiño 18
Arrecife de coral 19
Arrendajo azul 14
Arroz 26
Asno 24
Atún 26
Avalancha 18
Ave del paraíso de Wilson 11
Avellana 26
Avestruz 16
Avispa alfarera 8
Avispa común 6
Avispa de las agallas 8
Avispa papelera 8
Avispón 8
Axolote 21
Aye-aye 12

B

Babosa 6
Babosa marina *Okenia rosacea* 20
Bacalao 26
Ballena azul 19
Ballena boreal 18
Ballena jorobada 18
Bambú dorado 10
Banano 12
Bandicut 16
Baobab 16
Baobab de Grandidier 27
Barquero 21
Bellota 9
Beluga 18
Berilo 29
Berro de prado 5
Bisonte americano 16
Biznaga de flores rosadas 10
Boa esmeralda 12
Boab 28
Bogavante 26
Bola de excrementos 16
Bola de nieve 5
Boleto calabaza 13
Bombus sylvarum 5
Bongo 11
Border collie 24
Botón de oro 5
Brezo ceniciento 13
Brócoli 25
Bromelia 12
Brote 9
Buccino 23
Búfalo cafre 16
Búho campestre 16
Búho chico 13
Búho nival 18
Bulbo 10
Burro de Poitou 24
Busardo calzado 18

C

Caballa 26
Caballito de mar cebra 19
Caballito de mar de estuario 23
Caballito de mar enano 19
Caballito de mar listado 19
Caballito del diablo 21
Caballo 24
Caballo fiordo noruego 15
Cabeza de toro alpino 15
Cabra boer 24
Cabra de angora 24
Cabra de las Rocosas 15
Cabrito de angora 24
Cacahuete 26
Cachalote 19
Cactus
  alas de ángel 10
  cholla 17
  cola de castor 17
  de barril 17
  del ordenador 10
Caimán del Mississippi 21
Cala de agua 10
Calabaza 24
Calabaza cacahuete 25
Calamar de Monterrey 20
Calamar glacial 20
Cálao bicorne 12
Caléndula 10
Caliza 29
Caloplaca marina 23
Camachuelo 5
Camaleón de Parson 12
Camarón escarlata 20
Campanula barbata 15
Canela 25
Cangrejo 26
Cangrejo de once manchas 20
Cangrejo ermitaño gigante 20
Canguro 17
Cantharellus cinnabarinus 14
Caña de azúcar 25
Cañón 17
Cañuela alta 6
Capibara 22
Cápsula de semillas
  de algodoncillo 9
Cápsula de semillas de hierba
  de San Antonio 9
Capullo de gitana 8
Cárabo californiano 13
Cárabo común 6
Cárabo dorado 5
Caracol burbuja 19
Caracol común 6
Caracol diablo 21
Caracol rayado 5
Caracol vacío 6
Caracola reina 23
Carámbano 18
Carbón 29
Cardenal 14
Cardencha 22
Cardillo 10

Cardo mariano 10
Caribú 18
Carnero 24
Carpa prusiana 22
Carpe negro europeo 14
Carpintero de Lewis 13
Carpintero escapulario californiano 17
Carraca lila 16
Carya glabra 27
Cascada congelada 18
Castaña de Indias 9
Castaño de Indias 27
Castor americano 22
Casuario 12
Caviar 25
C-blanca 5
Cebada 24
Cebolla 25
Cebolletas 25
Cebra 16
Cedro del Atlas 13
Cedro del desierto 28
Cedro del Himalaya 27
Ceiba 11
Celidonia menor 14
Cencellada blanca 18
Centeno 24
Cerda 24
Cereza 9
Cerezo común 6
Cerezo de Virginia 27
Cerezo japonés 27
Cernícalo 16
Champiñón 25
Chimenea de hadas 17
Chinche de escudo verde 8
Chinche Picasso 8
Chochín 5
Chopo negro 27
Chuquiragua 15
Cicindela campestre 8
Ciclamen 10
Cicuta de montaña 15
Ciempiés 8
Ciempiés cobrizo 6
Ciervo volante 5
Cilantro 26
Cinta 10
Ciprés común 27
Ciprés de Leyland 6
Ciruela 26
Ciruelo mirobolano 28
Cisne 21
Cladonia asahinae 15
Clavel antártico 18
Clavelina de mar 23
Clavo 25
Clinostomus elongatus 21
Cochinilla 6
Cochinillo 24
Coco 23
Cocodrilo del Nilo 22
Cocodrilo marino 20
Cocotero 23
Codorniz de montaña 15
Col rizada de mar 23
Colibrí piquiancho común 17
Colín de Gambel 17
Collar de arena para los huevos del caracol luna 23
Colmenilla negra 13
Cóndor andino 15
Conejo 5
Copos de nieve 18
Coral chicle 19
Coral clavel 19
Cordero 24
Cornejo rastrero 13
Cortadera 16
Corteza de abedul paperífero 28
Corteza de arce de corteza papirácea 28
Corteza de eucalipto arcoíris 28
Corteza de pino piñonero 28
Coryphantha ramillosa 10
Cotorrita aliturquesa 16
Creta 29
Crisálida de mariposa monarca 8
Crisantemo 10
Crisopa verde 8
Crocus 10
Cuarzo rosa 29
Cucaburra 6
Cucaracha 8
Cuerna desprendida 14
Cueva glaciar 18
Cueva marina 23
Curruca zarcera 5

D

Dedalera 5
Delfín común 23
Delfín del Amazonas 22
Delfín mular 19
Diablo espinoso 17
Diamante 29
Diente de león 6
Diente de tiburón fosilizado 23
Drácena 28
Draco rayado 18
Dromedario 17
Duna 17
Durián 12

E

Ébano 16
Efímera 22
Egagrópila 13
Elefante 17
Elodea crispa 21
Endrino 5
Enebro común 15
Erióforo del ártico 18
Erizo 5
Erizo de mar 23
Escarabajo
  acuático 21
  ciervo arcoíris 11
  de la patata 8
  hércules 11
  pelotero 16
Escaramujo 5
Escorpión peludo gigante 17
Escribano cerillo 5
Esfinge colibrí 5
Esfinge del chopo 14
Esmeralda 29
Espadaña 22
Espárrago 25
Espinaca 25
Espliego 10
Esponja tubo 19
Espuma de salivazo 8
Esqueleto de hoja 9
Esqueleto de un animal 17
Esquisto verde 15
Estalactita 29
Estalagmita 29
Estornino 6
Estrella de mar ocre 20
Estrella de mármol 20
Eurilaimo negrigualdo 11
Exsudoporus frostii 14

F

Faisán 24
Falso plátano 27
Farallón 23
Fénec 17
Ficus benjamina 10
Flamboyán 28
Flamenco rojo 21
Flor ave del paraíso 11
Flor de falso flamboyán 11
Flor de la pasión 11
Flor del ocotillo 17
Foca barbuda 18
Foca monje 23
Fósil
  de amonites 29
  de belemnites 29
  de erizo de mar 29
  de estrella de mar 29
  de helecho 29
  de trilobites 29
Frailecillo 23
Fresa silvestre 5
Fresia 10
Fresno común 27
Fruta de pan 12
Fulmar boreal 18
Fumarola de nieve y vapor 18
Fumarola hidrotermal 19

G

Galápago europeo 21
Gallina 24
Gallineta común 21
Gallo 24
Gamba 26
Gamo europeo 14
Gamón blanco 15
Garbanzo 26
Gardí 22
Garnierita 29
Garza real 22
Gato de las arenas 17
Gato doméstico 6
Gavilán americano 13
Gaviota argéntea 23
Genista del Etna 28
Geoda 29
Gerenuk 16
Ginkgo biloba 28
Girasol 10
Girasol del desierto 17
Glaciar 18
Gloria de las nieves 15
Gorgojo jirafa 11
Gorila 12
Gorrión 6
Granate 29
Granito 29
Grano de café 25
Grévol engolado 14
Guacamayo azuliamarillo 11
Guayaba 12
Guayabo 12
Guepardo 16
Guijarro 23
Guillomo 28
Guisante de olor 10
Gusano de la arena 20
Gusano de seda 13
Gusano peludo del enebro 13

H

Haya común 14
Haya europea 27
Helecho común 13
Helecho de pluma de avestruz 10
Helecho espada occidental 13
Helecho peludo 22
Herrerillo 5
Hiedra 6
Hiena 16
Hierba
- búfalo 16
- buffel 16
- de la bruja 14
- de los pordioseros 5
- de San Antonio 22
- de San Lorenzo 13
- del cólico 23

Higuera 28
Hipopótamo 22
Hoja
- de abeto rojo 9
- de acebo 9
- de afelandra 9
- de árbol de tulipán 9
- de arce 9
- de castaño 9
- de cedro del Atlas 9
- de fresno 9
- de ginkgo biloba 9
- de liquidámbar 9
- de mimbrera 9
- de palmito 9
- de peral 9
- de pino de pisos 9
- de roble 9
- de rocío del sol 9
- de secuoya de hoja caediza 9
- de serbal 9
- de té 25

Hongo azul 14
Hongo blanco 13
Hormiga del desierto del Sáhara 17
Hormiga legionaria 11
Hormiga negra 6
Hueso de aguacate 9
Hueso de cereza 9
Hueso de melocotón 9
Huevo
- de acentor común 7
- de águila real 7
- de arao común 7
- de avestruz 7
- de buccino 23
- de busardo ratonero 7
- de casuario 7
- de chinche de escudo verde 8
- de chochín 7
- de codorniz 25
- de crisopa verde 8
- de emú 7
- de escribano palustre 7
- de gallina 25
- de gallina marans 7
- de gavilán común 7
- de mariposa morfo azul 8
- de mirlo primavera 7
- de oca 25
- de perdiz copetona 7
- de pirincho 7
- de tiburón 23
- de tordo sargento 7
- de zorzal charlo 7

I

Íbice de los Alpes 15
Iceberg 18
Iguana 12
Impala 16
Iris 10

J

Jabalí 14
Jabalí verrugoso 16
Jabirú africano 16
Jacaranda 27
Jacinto 10
Jacinto silvestre 14
Jade 29
Jaguar 11
Jaspe rojo 29
Jazmín 10
Jengibre rojo 10
Jerbo 17
Jibión 23
Jirafa 16
Jojoba 17
Junco florido 21
Junco pizarroso 6

K

Kaligono 21
Kauri 13
Kiwi 25
Kopje 16
Kril 18

L

Lagópodo alpino 18
Langosta 20
Langosta de agua dulce 22
Lantana 10
Lapa 23
Lapislázuli 29
Laurel 27
Lava almohadillada 19
Leche 25
Lechuga 25
Lechuga de mar 23
Lechuza 24
Lechuzón de anteojos 12
Lemming 18
Lémur de collar blanco y negro 11
Lenteja 26
Lenteja de agua 21
León 16
León marino 20
Leopardo de las nieves 15
Liana 12
Libélula halconero meridional 21
Libélula roja 21
Liebre 24
Liebre antílope 17
Liebre ártica 18
Lila 10
Lima 26
Limón 25
Lince canadiense 13
Lino 24
Liquen de barba 13
Liquen de Islandia 15
Liquen de los árboles 14
Liquen de los renos 18
Lirio acuático 21
Lirio amarillo 22
Lirio del valle 10
Lirio oriental 10
Lirón castaño 5
Lluvia de oro 6
Lobo de tierra 17
Lobo europeo 13
Locha de playa 23
Lombriz 6
Lori tricolor 11
Loro harinoso amazónico 11
Loto azul 21
Loto sagrado 21
Lubina 26
Lucio europeo 22
Lysimachia punctata 22

M

Madera de deriva 23
Madera fosilizada 29
Madreselva 5
Madriguera de conejo 5
Madriguera de marmota 15
Maíz 24
Majuelo 27
Manatí 20
Mandioca 24
Mandril 11
Mangle rojo 11
Mango 25
Mantis religiosa 8
Manto de cobre 15
Manzana 9
Manzana de mar 19
Manzana silvestre 5
Manzano 28
Mapache 6
Maracuyá 26
Margarita 6
Mariposa
- alas de pájaro 11
- almirante rojo 6
- apolo 15
- aurora 5
- lobito agreste 5
- monarca 8
- morfo azul 8
- pavo real 6

Mariquita 6
Mármol 29
Marmota alpina 15
Marsopa común 23
Marsopa sin aleta 19
Marta 13
Martín pescador común 22
Martín pescador malaquita 22
Martín pescador oriental 12
Medusa melena de león 20
Mejillón azul 20
Melocotón 9
Menta 26
Merluza negra 18
Miel 26
Mielero chillón 6
Milpiés 8
Miogryllus verticalis 8
Miotis norteamericano 14
Mirlo primavera 6
Mito 6
Mofeta 14
Molinillo 9
Momoto cejiazul 16
Mono lanudo 12
Monstruo de Gila 17
Monte submarino 19
Monte Uluru 17
Mora de los pantanos 13
Mordisco de rana 21
Morera 27
Morsa 18
Mosca común 6
Mosca escorpión 5

Mosquito 8
Mula 24
Murciélago de la fruta 11
Murciélago enano 6
Murciélago orejudo dorado 5
Musaraña 6

N

Nabina 24
Naranja 25
Naranja de mar 20
Naranjo 27
Narciso 10
Narval 18
Náyade 6
Nenúfar gigante 11
Nerpa 21
Nido
 de ardilla 13
 de arrendajo azul 14
 de avispa alfarera 8
 de avispa papelera 8
 de avispón 8
 de buitre orejudo 7
 de colibrí de Ana 7
 de focha común 7
 de gavilán mixto 7
 de golondrina risquera 7
 de gorila 12
 de lirón 5
 de orangután 11
 de pájaro moscón 7
 de pigargo americano 7
 de pinzón 5
 de reinita hornera 7
 de ruiseñor bastardo 7
 de tejedor baya 7
 de tejedor republicano 7
 de tortuga marina 23
 de zacua mayor 7
 de zampullín común 7
 de zorzal 5
 epígeo 8
Nieve de sandía 18
Nieves penitentes 18
Nódulo de manganeso 19
Nogal común 28
Nogal de Brasil 11
Nomeolvides 10
Notropis nubilus 22
Nuez 26
Nuez de macadamia 26
Nuez pacana 26
Nutria 22

Ñ

Ñu azul 16

O

Oasis 17
Oca 24
Ocelote 11
Okapi 11
Olivo 28
Olmo americano 27
Ópalo 29
Orangután 11
Ornitorrinco 22
Oro 29
Orquídea mariposa 10
Orquídea silvestre 5
Ortiga 5
Oruga
 de *Empyreuma pugione* 8
 de *Gynaephora groenlandica* 18
 de *Malacosoma disstria* 8
 de mariposa monarca 8
 de polilla cinabrio 8
Oso
 grizzly 13
 melero 11
 negro americano 13
 pardo del Himalaya 15
 polar 18
Ostra perlífera de agua dulce 22
Ostra perlífera de labios negros 19
Oveja 24

P

Palma de Palmira 27
Palma real australiana 28
Palmera caminante 11
Palmera de California 17
Palmera makalani 28
Paloma torcaz 6
Pámpano amarillo 23
Pangolín terrestre 16
Papaya 12
Papayo 12
Papilio troilus 14
Papión sagrado 16
Pargo japonés 20
Pasto estrella 20
Pasto marino 20
Pastor alemán 24
Patata 24
Pato 24
Pato mandarín 22
Pavimento desértico 17
Pavo 24
Pavón cinchado 22
Pedestal rocoso 15
Peine de Venus 20
Pelícano 23
Peonza de mar 23
Pepino de mar 20
Pepita de manzana 9
Pera 26
Peral 28
Perca amarilla 21
Perdiz 24
Perezoso 11
Peridoto 29
Periquito 16
Perlada de montaña 15
Perrito de la pradera 16
Pétalo 10
Petirrojo 6
Petrel níveo 18
Pez
 aguja azul 20
 ángel real 19
 ángel reina 19
 cirujano azul 19
 disco 22
 mariposa amarillo de pico largo 19
 martillo 19
 payaso 19
 vela 20
Phacelia sericea 15
Picaflores carminoso 11
Picea de las montañas 15
Pico mexicano 17
Pie de gato 15
Piedra pómez 29
Piel mudada de serpiente 17
Pilophorus acicularis 14
Pimienta negra 25
Pimiento 25
Pingüino de Adelia 18
Pingüino emperador 18
Pino de Wollemi 28
Pino longevo 28
Pino silvestre 27
Pintada común 24
Pintada vulturina 16
Pinzón 5
Piña de abeto rojo 9
Piña de cedro del Atlas 9
Piña de cica 9
Piña de pino carrasco 9
Piñón 26
Piquituerto común 13
Piraña 22
Pirita 29
Pistacho 26
Pita acuática 21
Pito crestado 14
Pitón de Seba 16
Pizarra 29
Planta
 cojín 15
 de aire 12
 de arroz 24
 de jade 10
 jarra 12
 rodadora 17
Plata 29
Plátano 12
Plátano de sombra 27
Platija 20
Pluma
 de amazona frentiazul 7
 de ánade real 7
 de arrendajo 7
 de ave del paraíso 7
 de avestruz 7
 de búho 7
 de cisne 7
 de faisán 7
 de flamenco 7
 de oropéndola 7
 de pájaro carpintero 7
 de pato mandarín 7
 de pavo real 7
 de perdiz 7
 de periquito 7
 de quetzal 7
 de turaco crestirrojo 7
Polilla cinabrio 8
Polilla de *Empyreuma pugione* 8
Polilla de *Gynaephora groenlandica* 18
Polilla de *Malacosoma disstria* 8
Pollino 24
Pollito 24
Porrón moñudo 21
Potro 24
Poza 16
Presa de castor 22
Puercoespín norteamericano 13
Pulpo rojo del Pacífico 20
Puma 15
Puya 15

Q

Quetzal centroamericano 12

R

Rafflesia 11
Raíz 10
Raíz tabular 12
Rana calzonuda 12
Rana común 6
Rana toro 21
Ranúnculo acuático 21
Rape abisal 20

Rata 6
Rata almizclera 21
Rata topera 22
Ratón de campo 6
Ratón doméstico 6
Ratón espiguero 5
Ratón listado 24
Raya de arrecife 20
Remolacha azucarera 24
Remolino de polvo 17
Rinoceronte 16
Rizoma de jengibre 25
Roble común 14
Roble escarlata 27
Roble rojo americano 28
Rodonita 29
Romero 26
Rorcual aliblanco 23
Rosa 10
Rosa alpina 15
Rubia silvestre 5
Rúcula 26
Rutpela maculata 14

S

Sábalo americano 20
Saguaro 17
Sal marina 25
Salamandra alpina 15
Salamandra mandarina 21
Salamandra moteada 14
Salicaria 22
Salivazo 8
Salmón 26
Salmonete vanicolense 23
Saltamontes común 5
Saltamontes del patán 8
Saltamontes punteado 6
Salvelino 18
Sandía 26
Sapito minero 12
Sapo común 14
Sargazo gigante 20
Satirión verde 14
Sauce del desierto 17
Sauce enano 15
Sauce llorón 28
Saúco 5
Saxifraga estrellada 15
Secuoya de hoja caediza 14
Secuoya gigante 27
Semilla
- de arce menor 9
- de bardana 9
- de calabaza 9
- de falso castaño de Ohio 9
- de fresno 9
- de girasol 9
- de mostaza 9
- de sésamo 9

Sepia 20
Serbal de los cazadores 27
Serpentina 29
Serpiente
- acuática del norte 21
- boomslang 16
- coral 17
- de cascabel 14
- marina 20

Serval 16
Silbón europeo 21
Sílex 29
Siluro azul 22
Soja 24
Soldanella alpina 15
Somormujo lavanco 21
Sorgo 24
Suricata 17

T

Tallo 10
Tamarino león dorado 12
Tántalo indio 22
Tarántula de rodillas rojas 8
Tarántula pajarera 11
Tarántula rubia mexicana 17
Tarro blanco 23
Teca 28
Tecolote enano 17
Tejo chino 13
Tejo común 27
Tejón 6
Tela de araña de seda dorada 8
Tela de araña de tela de embudo 8
Tela de linifido 8
Témpano de hielo 18
Termita 8
Termitero arbóreo 8
Termitero magnético 8
Ternero 24
Themeda triandra 16
Tiburón ballena 19
Tiburón blanco 19
Tiburón peregrino 19
Tigre de Bengala 11
Tigre siberiano 18
Tití emperador 12
Toco piquirrojo 16
Tomate cherry 25
Tomate de mar 23
Topacio 29
Topillo rojo 5
Topo 6
Tordina bigotuda 11
Tormenta 12
Tormenta de arena 17
Tortuga de orejas amarillas 22
Tortuga laúd 23
Tortuga terrestre de Florida 13
Tortuga verde 20
Tradescantia somaliensis 10
Trébol 6
Trébol de cuernos 5
Tremela mesentérica 14
Trigo 24
Tritón alpino 15
Tritón común 21
Trucha 26
Trucha alpina 15
Trucha de arroyo 15
Trufa 25
Tsuga del Pacífico 28
Tualang 12
Tucán 12
Tulipán 10
Turmalina 29
Turquesa 29
Tuya del Canadá 13

U

Uva 25
Uva de oso 18

V

Vaca 24
Vaca frisona 24
Vaina con semillas del árbol del amor 9
Vaina de cacao 12
Venado de cola blanca 14
Vencejo real 15
Venus atrapamoscas 10
Verderón 6
Verraco 24
Víbora cornuda 17
Viburnum 14
Vieira 23
Volcán submarino 19

W

Wapití 15

Y

Yagrumo 11
Yegua 24
Yesquero multicolor 14
Yuca 10

Z

Zacate galleta gigante 17
Zafiro 29
Zanahoria 25
Zancudo 8
Zarigüeya de Virginia 14
Zarzamora 5
Zinnia 10
Zorro ártico 18
Zorro orejudo 16
Zorro rojo 6
Zorzal 5